OOR WULLIE

D.C. THOMSON & CO., LTD., GLASGOW; LONDON; DUNDEE.

£1·05

OOR WULLIE

Wha sits there in his dungarees,
Aye thinkin' up some great new wheeze
That every time is sure tae please?—

OOR WULLIE !

Wha mak's you grin, wha mak's you laugh?
Wha keeps you chucklin' wi' his chaff?
Wha's aye the tops wi' ploys? No' half!—

YOUR WULLIE !

Wha buzzes there, wha buzzes here?
Wha's up tae mischief, far and near?
Wha keeps the whole toon in a steer?—

A'BODY'S WULLIE!

Printed and published by D. C. Thomson & Co., Ltd., 185 Fleet Street, London EC4A 2HS
© D. C. Thomson & Co., Ltd., 1980
ISBN 0 85116 199 5

Dogs o' every shape and size—

Make Wull's day one big surprise.

Now Oor Wullie's gone and done it—

He's put on the wrong-sized bunnet!

Every time Oor Wull recites—

His poetry seems tae lead tae fights!

Bad luck wi' this, bad luck wi' that—

Nae wonder Wullie's feelin' FLAT!

At the end o' the day, Wull " leads " the band—
But no' exactly as he planned!

Whatever has Oor Wullie done?—

It must be bad—he's on the run!

Though Pa is up tae ninety-nine—

This "three-piece suite" suits Wullie fine!

This sojer's sure tae mak' you grin—

Wi' his gun and hat o' tin!

Wull's sweetie poke's—

Just great for jokes!

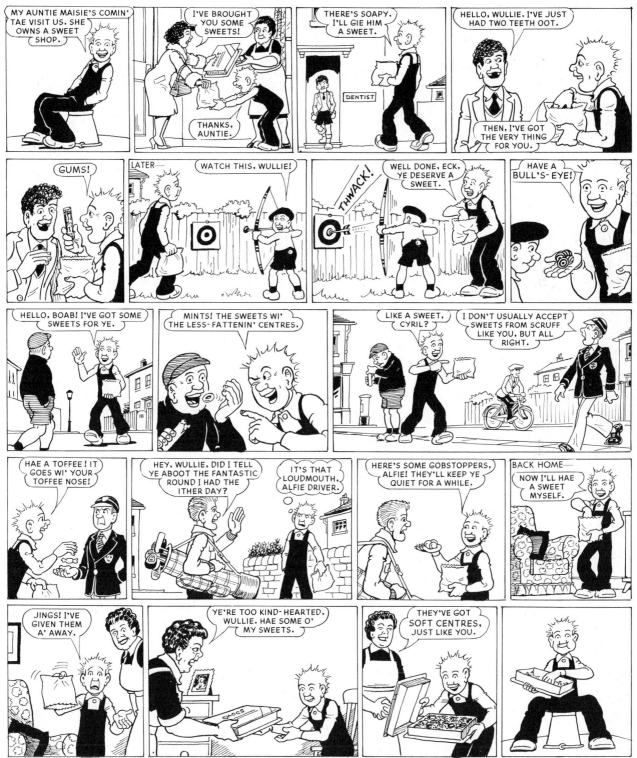

Though folk may think that he's a dunce—

Oor lad is " top " o' the class for once.

Wullie sure feels " sheepish " when—

Aunty Jean sees him again!

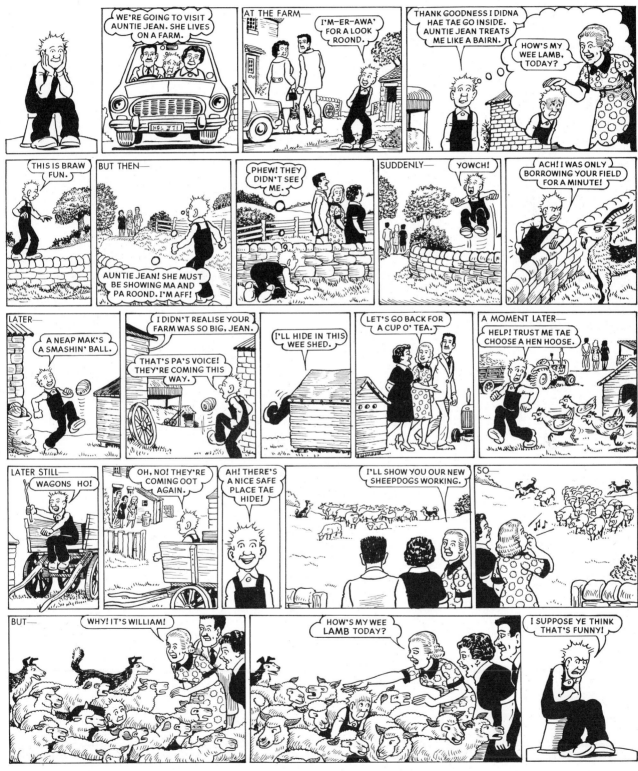

In the garden, in the hoose—

Wullie's lookin' for his moose . . .

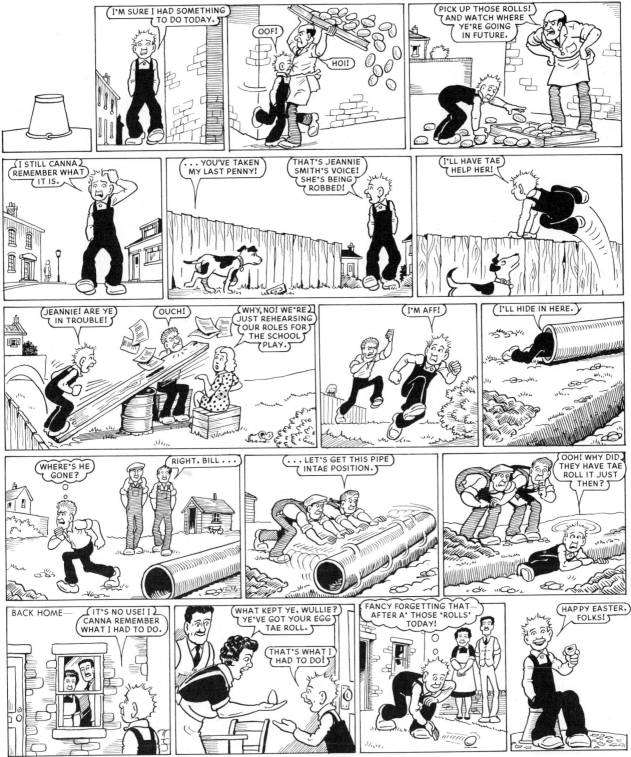

Carpet cleaning can be fun—

See how Wullie gets it done!

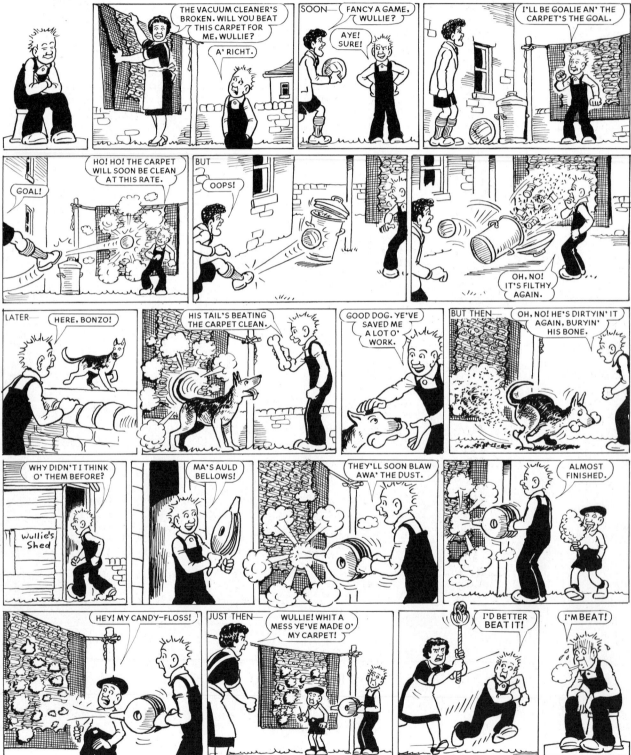

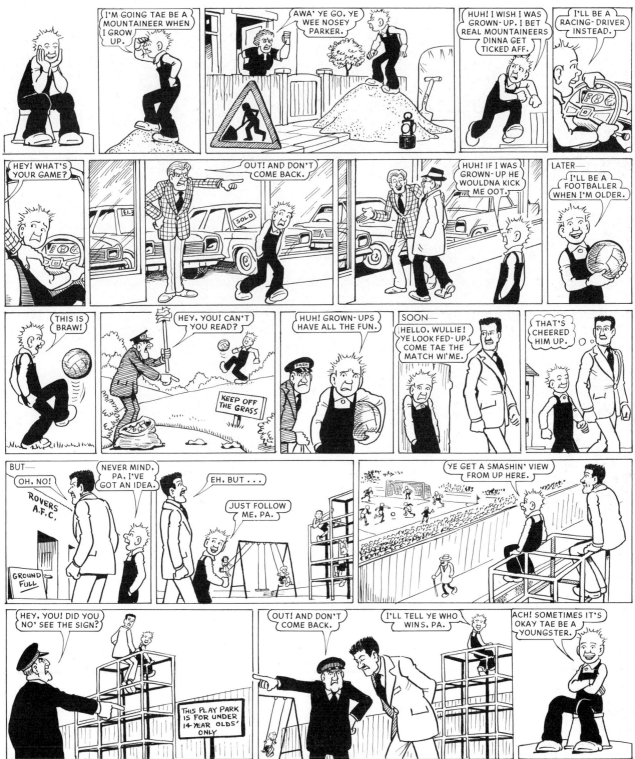

Wull leads his pals a merry dance—

Does he get off with that? No chance!

On the first day back at school—

Wull proves that he's no fool!

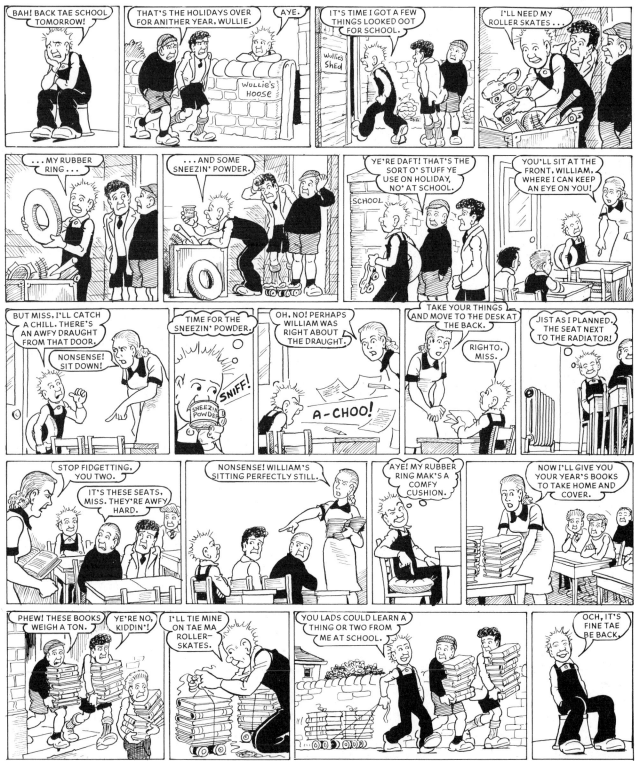

Poor wee Wullie's filled with woe—

He canna get his hair tae grow!

Help m'boab! See Wull's face trip—

When he displays his swordsmanship!

Has Wullie's memory gone hazy?—

No, oor wee chum's just fitba' crazy.

Wullie's in a proper tizzy—

He's doing his best tae look real busy.

It's just one big surprise—

Wi' Wullie's bargain buys!

He's aye in a fix—

Wi' his magic tricks!

Well, well, well! What d'ye think?—

It seems that Wullie's started tae SHRINK!

Oor Wullie finds a lot of hitches—
Tryin' tae turn rags intae riches!

. . . but a wee moose's life—

Is full o' strife!

This sleepy heid—

Is smart indeed!

Horse-shoes bring good luck, it's said—
But no' when they land on your head!

Oor Wullie's really irritated—

His toys have a' been confiscated!

A' thae sneezes—

Put a stop tae his wheezes!

The helmet on auld Murdoch's heid—

Is a very handy thing indeed!

Wullie's really smart, and how!—

His plans go just like clockwork now!

He's a great wee angler—

And an even better wangler!

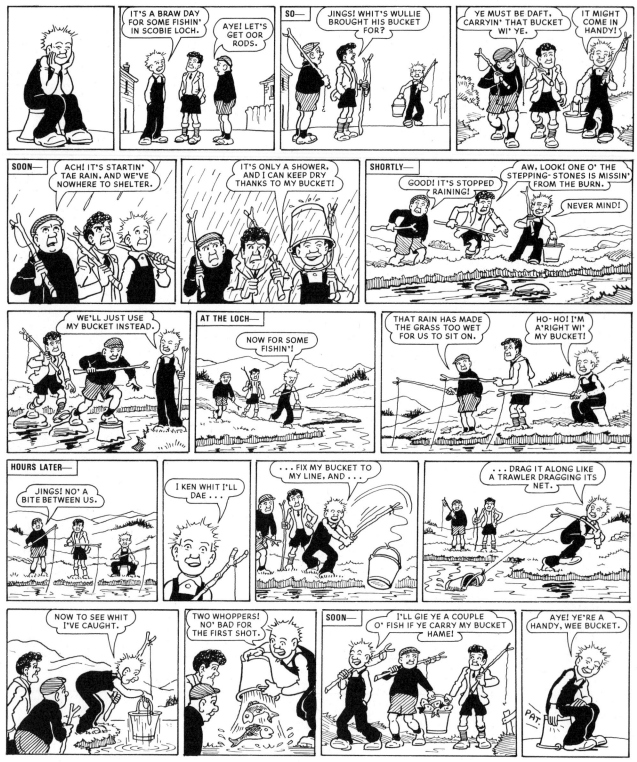

Even if you're feeling glum—

You'll tak' a shine tae oor wee chum!

The day that Wullie couldn't care less—

If his auld breeks got in a mess!

For a laddie who disnae like ties—

Wull gives his Ma a surprise!

Instead o' his toast—

He's eating the post!

Goalposts, tent, quick-change disguise—

This laundry's right for shape and size!

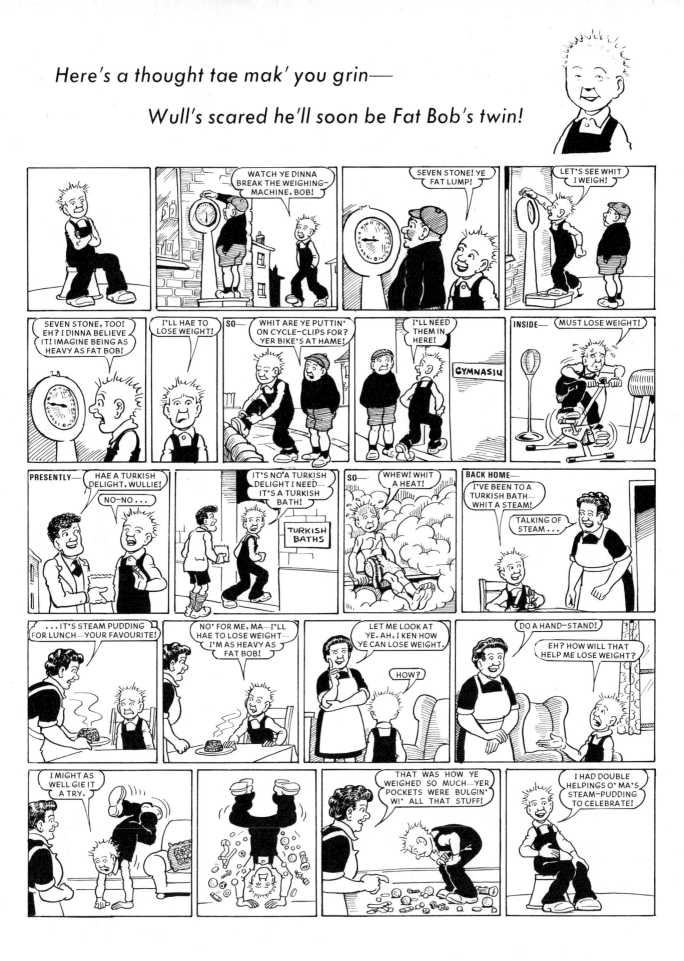

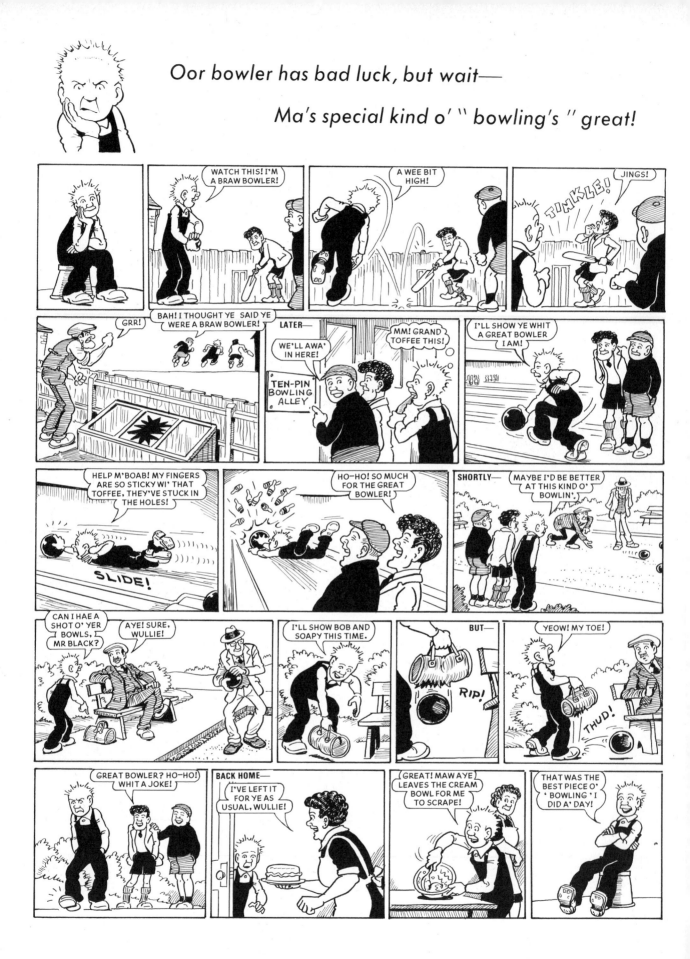

Nae wonder Wullie's looking grim—

His latest prank's backfired on him!

Oor Wullie is the lad for showin'—

Just how good he is at throwin'!

Ready, steady, GO—

Fills oor lad with woe!

It's no' easy tae get—

A gift for THIS pet!

They don't know why Wull's in this tizz—

Till Pa recalls the day this is!

Tak' a look at oor wee nipper—

Bringing smiles tae the fish-and-chipper!

Lots o' shocks—

Wi' a' kind o' locks!

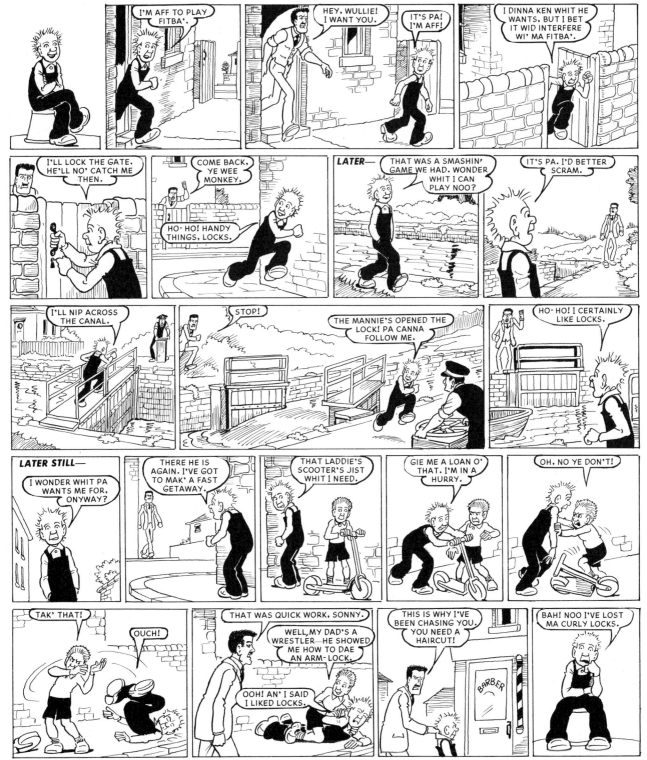

1066, and all that stuff—

Fair puts Wullie in the huff!

Though things don't go as Wullie planned—

His AID is soon in great demand!

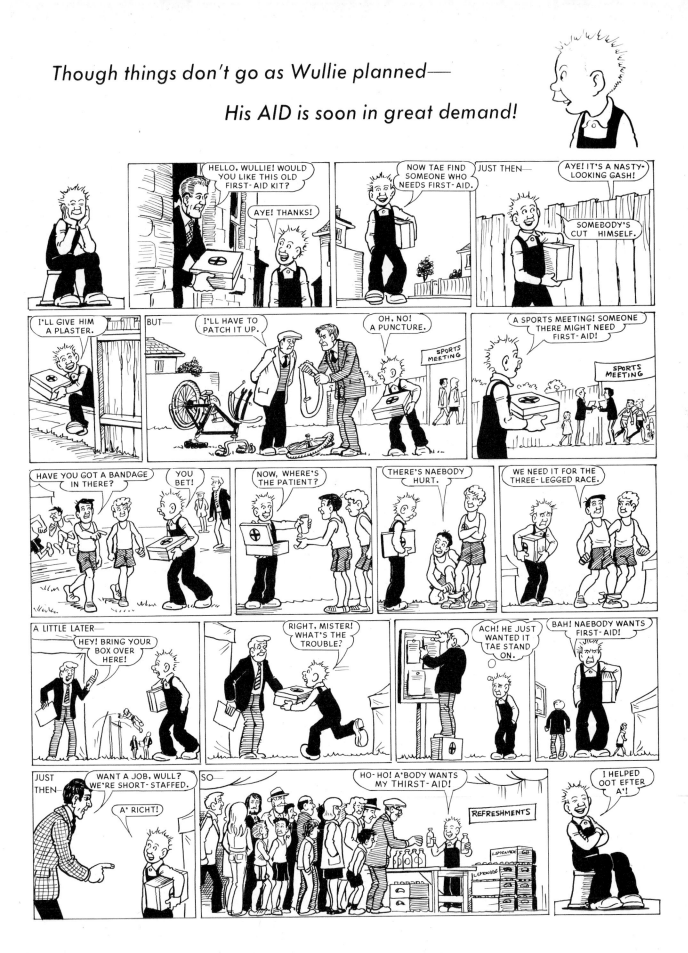

Trouble and toil—

Searching for oil!

Wullie's glad that his old friend—

Comes in handy in the end!

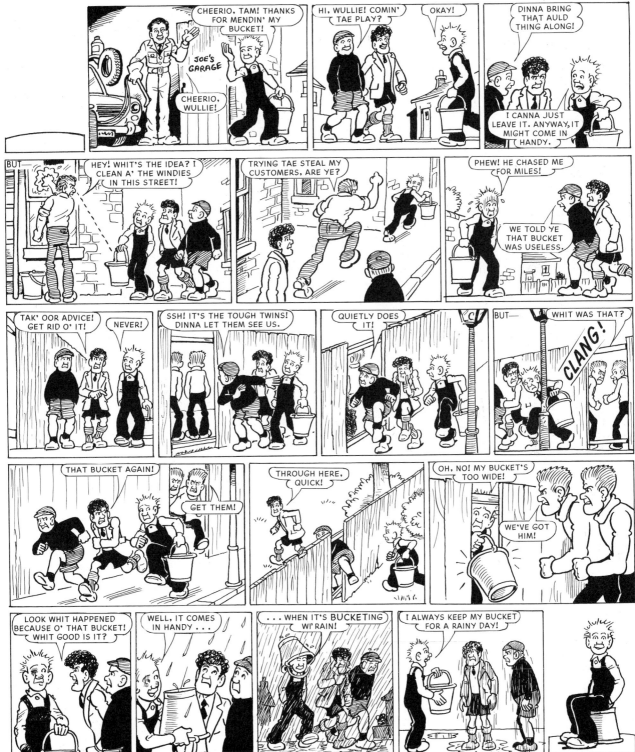

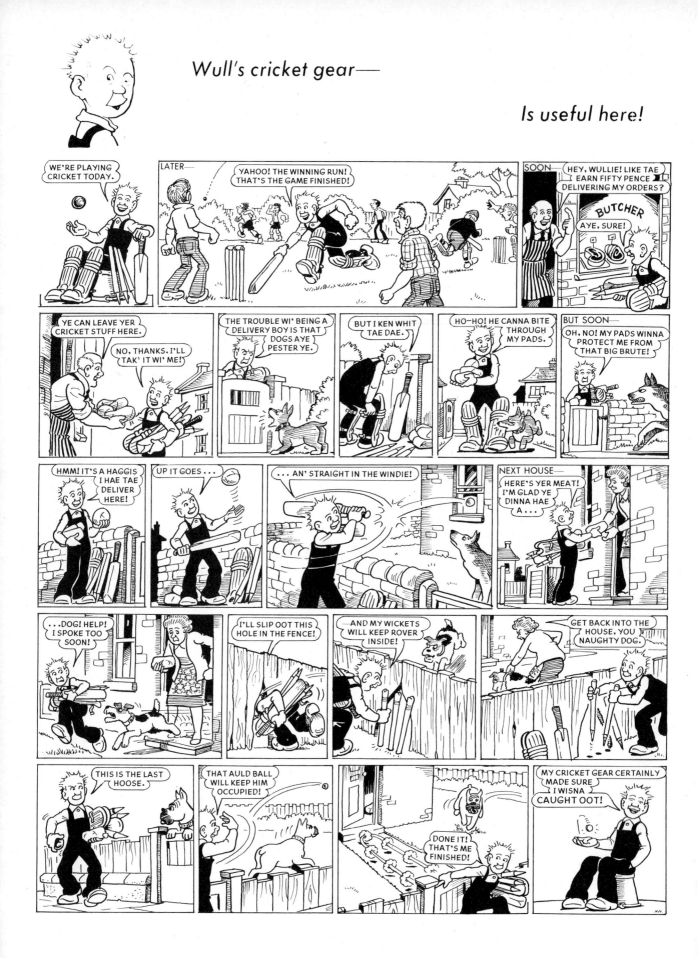

Here's a sight that's rarely seen—

Oor great wee laddie, SPARKLING CLEAN!

Wullie's got good cause to wail—

Murdoch's ALWAYS on his trail!

Wullie's ramble's sure surprising—

It's his JAWS he's exercising!

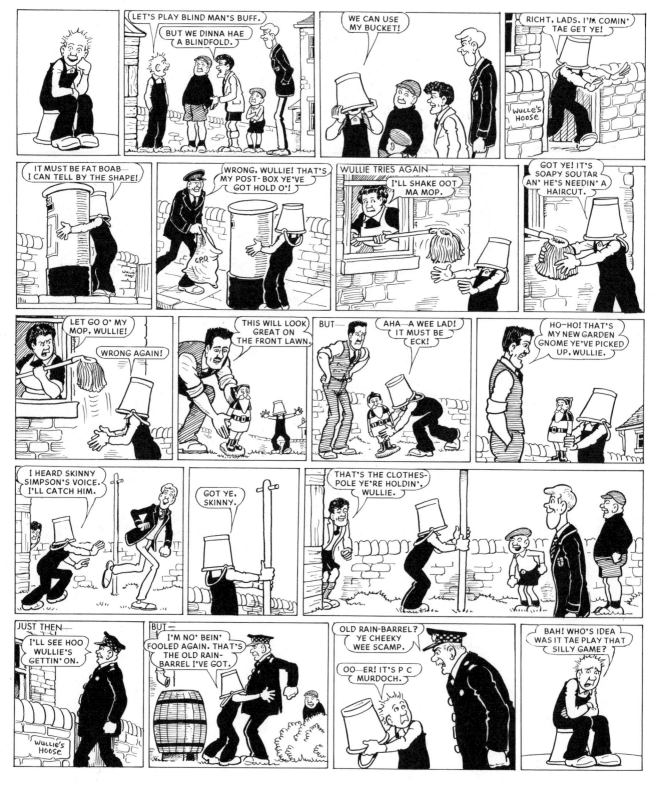

Wullie can't believe his ears—

A lassie as a pal? No fears!

Wullie's new face leads to trouble—

He has to run, at the DOUBLE!

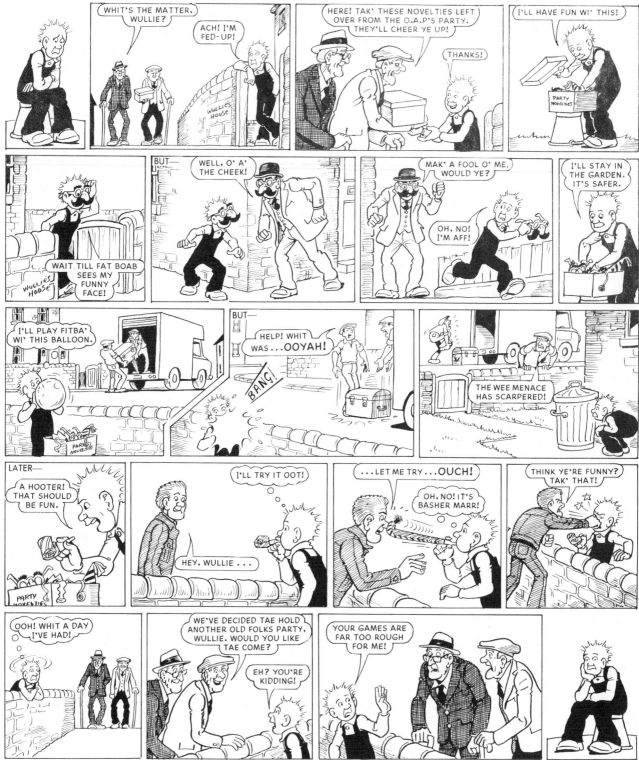

There's no rain, but oor wee fellah—

Still puts up his big umbrella!

What height would Wullie rather be?—

You'll get a BIG shock when you see!

Oor laddie really will go far—

Now he's become a big POP star!

For determination, oor wee friend—

Tak's the biscuit in the end!

His bucket's gone, but never fear—

It's a' caused by the time of year!

Wull thinks his kilt's an awfy thing—

But soon oor laddie has a fling!

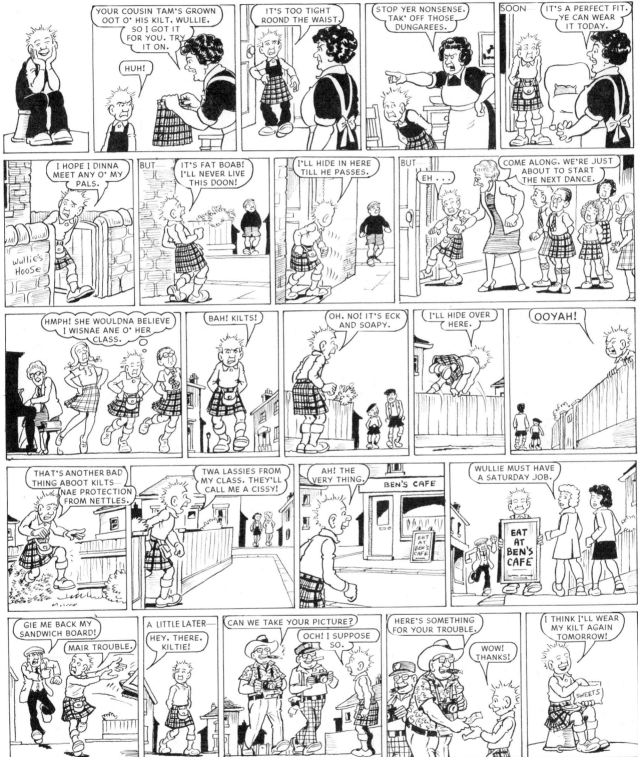

As an Indian, Wull's no use—

The warpath soon leads to his hoose!

Wullie proves this cheeky fatty—

Really is a silly tattie!

Wull's got a problem with his money—

Trying to spend it isn't funny!

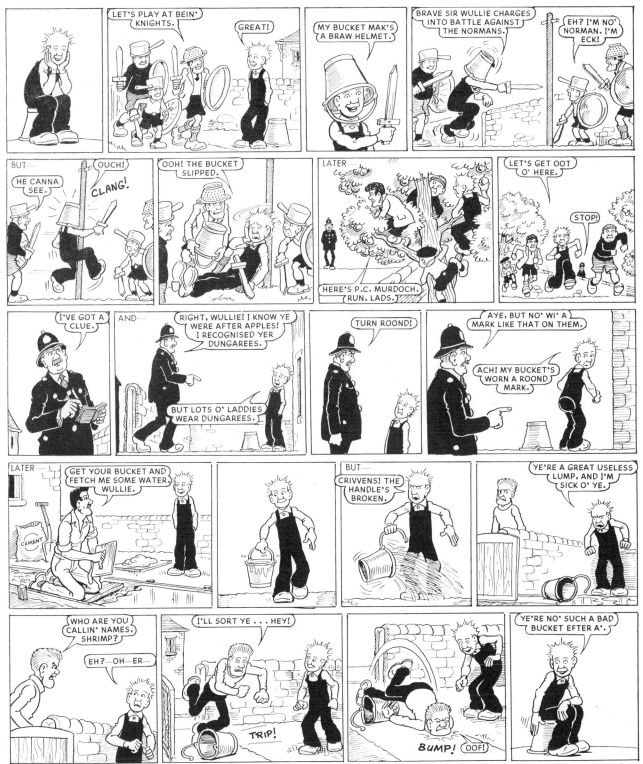

" You're no angler!" Wullie's told—

But in the end, oor lad hooks " gold"!

This birthday gift's so hard to choose—

The enorMOUSE task gives Wull the blues!

Oor lad's filled with alarm—

By the Law's new "long arm"!

Oor laddie finds he's strength enough—

To move a train with just one puff!

Wull's got a bugle, so look below—

And get the story BLOW by BLOW!

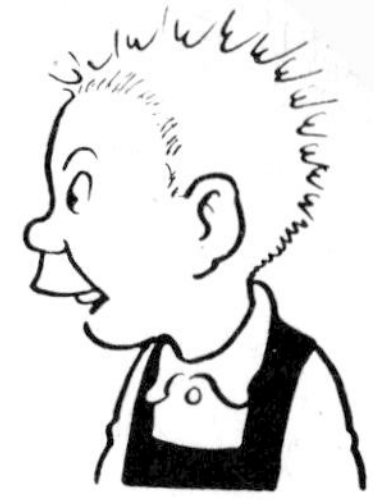

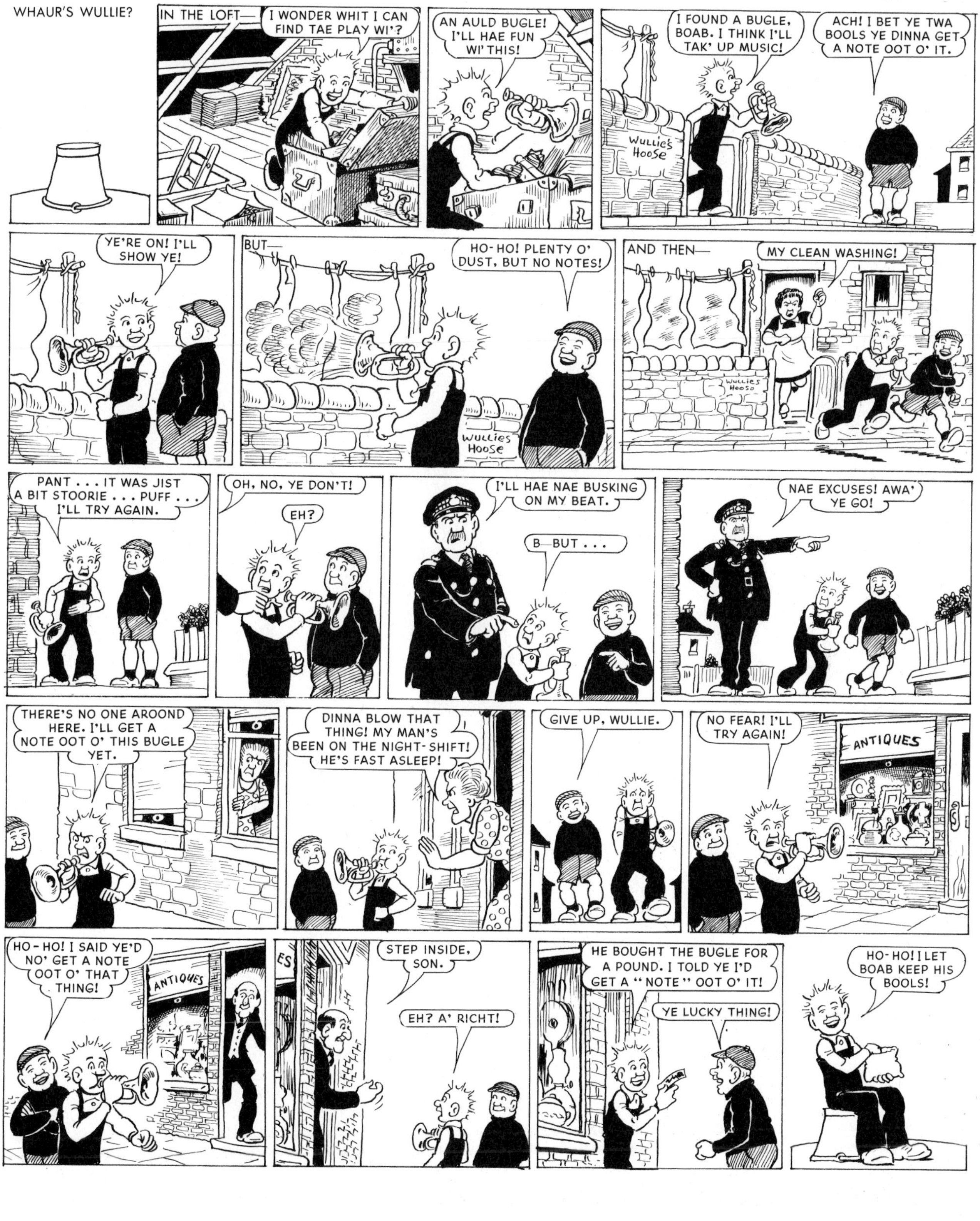

Oor Wullie's got good cause to gripe—

He's gone right off eggs, chips and tripe!

Oor Wullie scowls and frowns—

At life's upside downs.

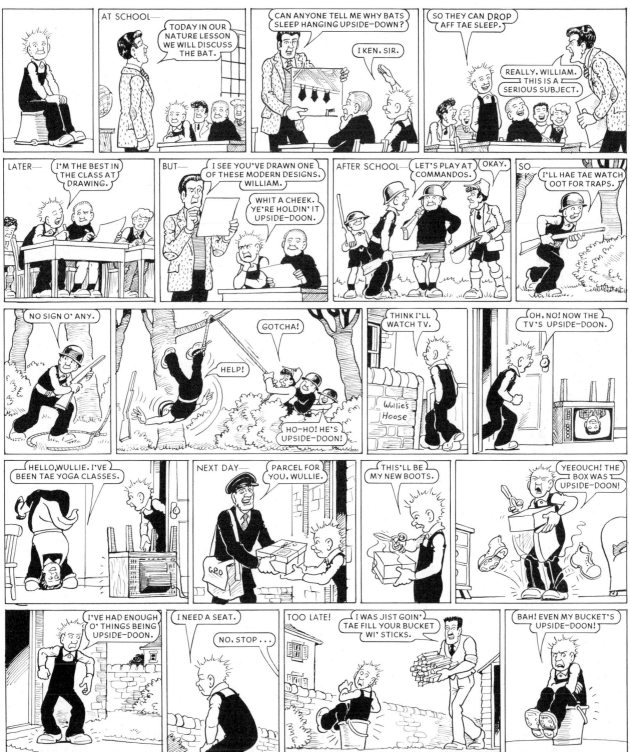

Says Wull, " No bairns' games for me!"—

He's other plans, it's " plane " to see!

Short-cuts are handy things indeed—

But here's one Wullie didn't need!

Wull's new gadget's awfy neat—

A brand-new type of bucket seat!

Here's Oor Wull, that fly wee nipper—

'Thinking he's a great sea skipper!

What exactly is the toy—

That would please this fussy boy?

Michty me! Jist fancy that!—

This " cowboy " has no gun nor hat!

Bobbies can be awfy creatures—

But Wullie likes one o' their " feet "-ures!

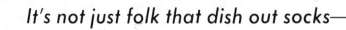